VIVO EN LA CIUDAD

Diane E. Stango

I0807979

Traducción al español: José María Obregón

Rosen REAL READERS en español

Rosen Classroom Books & Materials
New York

Mi ciudad es grande.

Mi ciudad tiene muchos edificios.

Mi ciudad tiene mucha gente.

Mi ciudad tiene muchos autos.

Mi ciudad tiene un parque.

¡Mi ciudad también tiene un zoológico!

PALABRAS QUE DEBES SABER

(los) autos

(los) edificios

(la) gente

(el) parque

(el) zoológico